KB021167

Foreign Copyright:
Joonwon Lee Mobile: 82-10-4624-6629

Address: 3F, 127, Yanghwa-ro, Mapo-gu, Seoul, Republic of Korea 3rd Floor
Telephone: 82-2-3142-4151
E-mail: jwlee@cyber.co.kr

옥효진 선생님의 매일매일 **문해력왕 ⑨**

2024. 6. 17.   초 판 1쇄 인쇄
2024. 6. 26.   초 판 1쇄 발행

지은이 | 옥효진
그 림 | 신경영
펴낸이 | 최한숙
펴낸곳 | BM 성안북스
주 소 | 04032 서울시 마포구 양화로 127 첨단빌딩 3층(출판기획 R&D 센터)
         10881 경기도 파주시 문발로 112 파주 출판 문화도시 (제작 및 물류)
전 화 | 02) 3142- 0036
         031) 950- 6300
팩 스 | 031) 955- 0510
등 록 | 1973. 2. 1. 제406-2005-000046호
출판사 홈페이지 | www.cyber.co.kr
이메일 문의 | smkim@cyber.co.kr
ISBN | 978-89-7067-452-0 (64710) / 978-89-7067-443-8 (set)
정 가 | 12,800원

이 책을 만든 사람들

총괄 · 진행 | 김상민
기획 | 북케어
본문 · 표지 디자인 | 정유정
홍보 | 김계향, 임진성, 김주승
국제부 | 이선민, 조혜란
마케팅 | 구본철, 차정욱, 오영일, 나진호, 강호묵
마케팅 지원 | 장상범
제작 | 김유석

이 책의 어느 부분도 저작권자나 BM 성안북스 발행인의 승인 문서 없이 일부 또는 전부를 사진 복사나 디스크 복사 및 기타 정보 재생 시스템을 비롯하여 현재 알려지거나 향후 발명될 어떤 전기적, 기계적 또는 다른 수단을 통해 복사하거나 재생하거나 이용할 수 없음.

■ **도서 A/S 안내**

성안당에서 발행하는 모든 도서는 저자와 출판사, 그리고 독자가 함께 만들어 나갑니다.
좋은 책을 펴내기 위해 많은 노력을 기울이고 있습니다. 혹시라도 내용상의 오류나 오탈자 등이
발견되면 **"좋은 책은 나라의 보배"**로서 우리 모두가 함께 만들어 간다는 마음으로 연락주시기
바랍니다. 수정 보완하여 더 나은 책이 되도록 최선을 다하겠습니다.
성안당은 늘 독자 여러분들의 소중한 의견을 기다리고 있습니다. 좋은 의견을 보내주시는 분께는
성안당 쇼핑몰의 포인트(3,000포인트)를 적립해 드립니다.
잘못 만들어진 책이나 부록 등이 파손된 경우에는 교환해 드립니다.

평생 문해력을 만드는 하루 네 장 공부 습관!

옥효진 선생님의 매일매일 문해력 왕 ⑨

1교시 : 은행과 경제 활동

2교시 : 병원과 질병

3교시 : 도구와 생활 가전제품

4교시 : 물건 사기와 비교하기

BM 성안북스

우리는 하루 동안 수없이 많은 말을 들어요. 엄마, 아빠가 나에게 해 주시는 말들, 학교에서 쉬는 시간 동안 친구들과 나누는 말, 선생님이 수업 시간에 해 주시는 설명들, 만화나 영화 같은 영상 속 등장인물들이 하는 말들을 듣죠. 또, 수없이 많은 글을 읽고 있어요. 재미있는 이야기책 속의 글들, 교과서에 적혀 있는 글들, 길을 걸어가며 보이는 안내문과 간판들. 우리는 말과 글에 둘러싸여 살아가고 있다고 할 수 있는 거죠. 그런데 여러분은 여러분이 보고 듣는 것들을 얼마나 이해하고 있나요? 말을 듣는다고 모든 말을 이해하는 것은 아니에요. 글을 읽는다고 모든 글을 이해하는 것도 아니죠.

우리가 듣는 말과 읽는 글을 이해하기 위해서는 문해력이 필요해요. 문해력이란 내가 읽는 글, 내가 쓰는 글, 내가 듣는 말, 내가 하는 말의 뜻을 이해하고 내 것으로 만드는 능력이에요. 여러분이 읽게 될 교과서 속 글들도, 수업 시간에 선생님이 하는 말씀도, 갖고 싶었던 장난감의 설명서를 읽고 장난감을 사용하는 것도

이 문해력 없이는 어려운 일이에요. 문해력이 있어야 여러분이 보고 듣는 것을 이해할 수 있죠. 다시 말하자면 문해력이 점점 자랄수록 여러분이 경험하고 이해할 수 있는 세상이 점점 넓어지는 것이랍니다.

그래서 문해력을 어릴 적부터 기르는 게 중요해요. 하지만 문해력은 글자를 읽고 쓸 줄 안다고 저절로 생기는 것은 아니에요. 많은 글을 읽으면서 글이 어떻게 쓰여 있는지, 이 글에 담겨 있는 뜻은 무엇인지를 이해하는 연습을 해야 해요. 유명한 운동선수가 매일매일 꾸준히 연습하고, 훈련을 하는 것처럼 말이에요. 오늘부터 선생님과 함께 매일매일 문해력을 기르는 연습을 해 보는 건 어떨까요? 여러분도 모르는 사이에 여러분이 문해력 왕이 되어 있을지도 몰라요. 그만큼 세상을 보는 여러분의 눈도 쑥쑥 자라 있겠죠.

이 책을 통해 여러분들의 문해력이 쑥쑥 자라나기를 바라요. 그리고 쑥쑥 자라난 문해력으로 이제 막 세상에 발걸음을 떼기 시작하는 여러분이 볼 수 있는 세상이 넓어지기를 바랍니다.

옥효진 선생님

초등 교과 전체에서 핵심 주제를 뽑아 어휘, 문법, 독해, 한자까지 익힐 수 있도록 일주일 프로그램으로 구성했습니다.

주제와 관련된 기본 어휘의 이해를 돕는 그림과 함께 익힐 수 있습니다.

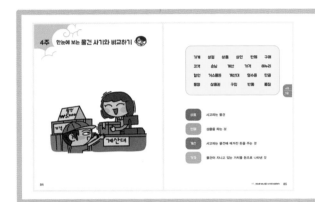

주제와 관련된 기본 어휘인 명사, 동사, 형용사를 배웁니다.

주제와 관련된 의성어, 의태어를 배웁니다.

낱말 확장은 물론 속담, 관용어까지 배웁니다.

주제와 관련된 속담과 관용어를 익힙니다.

헷갈리기 쉬운 말, 잘못 쓰기 쉬운 말, 유의어, 반의어, 다의어, 동형어, 고유어, 외래어 등의 확장 낱말을 익힙니다.

7급, 8급 수준의 한자에서 추출한 문해력 핵심 한자를 배웁니다.

한 주에 1개의 핵심 한자와 연관된 한자어 5개를 학습합니다.

그림과 예시글을 통해 한자 사용의 이해를 높였습니다.

직접 써 보는 공간도 마련했습니다.

짧은 문장으로 시작해서 긴 문단 독해까지 독해력이 성장할 수 있도록 구성했습니다.

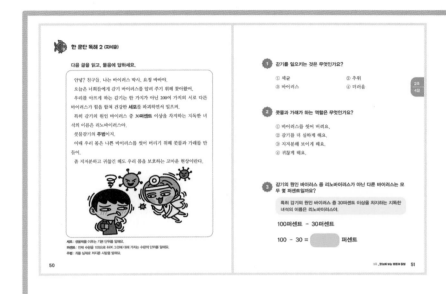

어순, 접속 부사, 종결형 문장, 시제, 높임말, 예사말, 피동, 사동, 부정 등을 익힐 수 있도록 했습니다.

주제와 관련된 확장 어휘를 사용하여 한 문장~세 문장 독해까지 완성된 문장을 만들 수 있도록 했습니다.

우화나 동화(문학), 생활에서 사용되는 지식글(비문학) 등 초등 교과에 담긴 12갈래 형식의 글을 통해 문제를 풀고 익힙니다.

※ 수학 개념을 적용한 문제까지 마련했습니다.

확인 학습을 통해 일주일간 학습한 내용을 복습합니다.

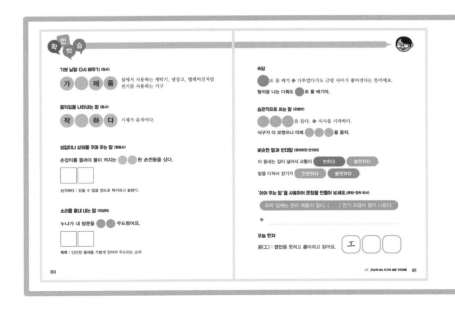

한 주간 배운 내용 중 핵심이 되는 내용을 추렸습니다.

일주일 안에 복습하는 공간을 만들어 학습한 내용을 장기 기억으로 저장할 수 있도록 했습니다.

목 차

1주

한눈에 보는
은행과 경제 활동

은행　돈　저축　저금　절약　보람　통장

입금　출금　계좌　적금　이자　용돈　생활비

지출　소비　낭비　이익　손해　금액　가격

가치　물가　원　달러　엔　무역　수입　수출

은행	돈을 맡아 관리하거나 돈을 빌려주고 이자를 받는 일을 하는 기관
저축	절약하여 모아 둠
통장	은행에 돈을 맡긴 사람에게 돈이 들어오고 나가는 것을 적어 주는 책
용돈	개인이 자유롭게 쓰는 돈

은행과 경제 활동을 나타내는 말을 알아봅시다. (동사)

| 아끼다 | 모으다 | 남기다 | 거스르다 | 보호하다 |
| 지키다 | 빌리다 | 맡기다 | 옮기다 | 찾다 |

아끼다 물건, 돈, 시간을 함부로 쓰지 않다.

거스르다 원래 돈에서 계산할 돈을 뺀 뒤 나머지 돈을 도로 주거나 받다.

지키다 재산, 이익, 안전을 잃지 않도록 보호하거나 막다.

빌리다 나중에 다시 돌려주기로 하고 얼마 동안 쓰다.

맡기다 어떤 것을 보관하게 하다.

찾다 맡기거나 빌려주었던 것을 돌려받아 가지게 되다.

은행과 절약은 각각 어떤 일을 하는지 따라 써 보세요.

지키다

빌리다

맡기다

아끼다

모으다

남기다

은행과 경제 활동의 성질이나 상태를 꾸며 주는 말을 알아봅시다. (형용사)

빈틈없다	허술하거나 부족한 점이 없다.
알뜰하다	일이나 살림을 정성스럽고 빈틈없게 하다.
성실하다	정성스럽고 참되다.
믿음직하다	매우 믿을 만하다.
귀하다	얻기가 아주 힘들 만큼 드물다.
착실하다	행동이나 말이 꼼꼼하고 차분하며 성실하다.

 어떤 말이 들어가야 할까요?

성실   귀한   알뜰하   믿음직

• 그 은행은 정말   하다.

• 사람의 생명보다   것은 없다.

• 언니는   하게 일해서 통장에 돈을 많이 모았다.

• 마트에서   게 장을 봤다.

한 문장 독해 _ 한 문장으로 된 글을 읽고, 물음에 답하세요.

> 내 동생은 용돈을 받으면 저금부터 한다.

1. 동생은 용돈을 받으면 무엇부터 하는지 쓰세요.

....

> 구두쇠란 돈을 지독하게 아끼는 사람을 부르는 말이에요.

2. 돈을 지독하게 아끼는 사람을 무엇이라 부르나요?

구두쇠 / 부자 / 고집쟁이

> 이모는 외국에서 수입한 물건을 팔아 이익을 많이 남겼어요.

수입 : 다른 나라에서 상품을 우리나라로 사들이는 것
이익 : 물건을 팔아 받은 돈에서 물건을 사 온 돈을 빼고 남은 돈

3. 이모는 수입한 물건을 팔아 어떻게 했나요?

손해를 많이 봤어요. / 돈을 많이 썼어요. / 이익을 많이 남겼어요.

16

두 문장 독해 _ 두 문장으로 된 글을 읽고, 물음에 답하세요.

> 은행은 돈을 저축하기만 하는 곳이 아니다.
> 필요한 사람이 돈을 빌리기도 하는 곳이다.

1. 돈을 저축하거나 빌리는 곳을 쓰세요.

. . . .

> "할아버지께서 주신 지폐는 구겨지지 않은 깨끗한 돈이에요."
> "너희 주려고 은행에서 새 돈으로 찾으셨다는구나."

2. 할아버지께서 주신 것은 무엇인가요?

> 동전 / 지폐 / 신용 카드 / 지갑

> 삼촌은 누구보다 성실히 일하시고 알뜰하게 돈을 모으신다.
> 삼촌의 가게는 좋은 물건을 싸게 파는 곳으로 유명하다.

3. 삼촌의 가게는 어떤 곳인가요?

> 좋은 물건을 비싸게 파는 곳
> 비싼 물건을 싸게 파는 곳
> 좋은 물건을 싸게 파는 곳

세 문장 독해 _ 세 문장으로 된 글을 읽고, 물음에 답하세요.

> 엄마와 은행에 통장을 만들러 갔다.
> 나는 아직 어린이라서 엄마나 아빠와 같이 가야 만들 수 있었다.
> 간단할 줄 알았는데 시간이 꽤 걸렸고 엄마는 여러 가지 서류에 사인을 하셨다.

서류 : 글자로 기록한 문서를 통틀어 이르는 말
사인(sign) : 자기만의 독특한 방법으로 자신의 이름을 적음

1. 나는 은행에 무엇을 만들러 갔나요?

....

2. 나는 누구와 같이 가야 통장을 만들 수 있나요?

....

3. 통장을 만들기 위해 엄마는 무엇을 하셨나요?

....

모양을 흉내 내는 말 (의태어)

• 나는 세뱃돈을 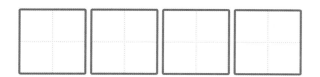 모아서 은행에 저금했다.

```
┌──┬──┐ ┌──┬──┐ ┌──┬──┐ ┌──┬──┐
│  │  │ │  │  │ │  │  │ │  │  │
├──┼──┤ ├──┼──┤ ├──┼──┤ ├──┼──┤
│  │  │ │  │  │ │  │  │ │  │  │
└──┴──┘ └──┴──┘ └──┴──┘ └──┴──┘
```

차곡차곡 : 물건을 가지런히 겹쳐 쌓거나 포개는 모양

• 엄마는 가계부를 매일 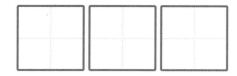 쓰셔요.

```
┌──┬──┐ ┌──┬──┐ ┌──┬──┐
│  │  │ │  │  │ │  │  │
├──┼──┤ ├──┼──┤ ├──┼──┤
│  │  │ │  │  │ │  │  │
└──┴──┘ └──┴──┘ └──┴──┘
```

꼼꼼히 : 빈틈이 없이 차분하고 조심스러운 모양

• 용돈을 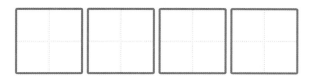 쓰다 보니 어느새 얼마 남지 않았어요.

```
┌──┬──┐ ┌──┬──┐ ┌──┬──┐ ┌──┬──┐
│  │  │ │  │  │ │  │  │ │  │  │
├──┼──┤ ├──┼──┤ ├──┼──┤ ├──┼──┤
│  │  │ │  │  │ │  │  │ │  │  │
└──┴──┘ └──┴──┘ └──┴──┘ └──┴──┘
```

야금야금 : 잇따라 조금씩 모자라게 하거나 써서 없애는 모양

• 나는 한 달에 한 번씩 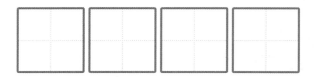 용돈을 받는다.

```
┌──┬──┐ ┌──┬──┐ ┌──┬──┐ ┌──┬──┐
│  │  │ │  │  │ │  │  │ │  │  │
├──┼──┤ ├──┼──┤ ├──┼──┤ ├──┼──┤
│  │  │ │  │  │ │  │  │ │  │  │
└──┴──┘ └──┴──┘ └──┴──┘ └──┴──┘
```

꼬박꼬박 : 조금도 어김없이 계속하는 모양

은행과 경제 활동 _ 관계있는 속담

티끌 모아 태산

작은 것도 모으면 큰 것을 이룰 수 있다는 뜻이에요.

티끌 : 먼지

태산 : 큰 산

티끌 모아 태산이라고,
용돈을 모아서
게임기를 샀다.

강물도 쓰면 준다.

아무리 많아도 아껴서 쓰라는 말이에요.

강물도 쓰면 준다는데
종이가 넉넉해도
아껴 써야지.

은행과 경제 활동 _ 관계있는 습관적으로 쓰는 말 (관용어)

돈방석에 앉다.

많은 돈을 가져 편안해지다.

용돈이 늘어
돈방석에 앉은
기분이었다.

바가지를 쓰다.

요금이나 값을 비싸게 치러서 손해를 보다.

엄마는 바가지를
쓰지 않는 방법을
잘 알고 계신다.

여러 가지 뜻을 가진 낱말 (다의어)

1 모으다

돈이나 값비싼
물건을 써 버리지
않고 쌓아 두다.

2 모으다

하나로 합치다.

3 모으다

다른 사람의
관심이나 흥미를
끌다.

● 어떤 '모으다'인지 번호를 써 보세요.

용돈을 열심히 모아서 불우 이웃 돕기 기부를 했다.

농구 결승전에 많은 사람의 관심이 모였다.

지하철에서는 다리를 모으고 앉아야 해요.

22

뒤죽박죽 섞여 있는 글을 바른 순서로 써 보세요. (문법-어순)

한다. / 나는 용돈을 / 받으면 / 저금부터

➔

생겨요. / 저금하면 / 이자가 / 은행에

➔

동전이 / 돼지 저금통에 / 동생의 / 꽉 찼다.

➔

보람되다. / 참 / 용돈을 모았더니 / 작년부터

➔

다음 글을 읽고, 물음에 답하세요.

> '저 바다 끝에는 뭐가 있을까? 그래. 장사도 하고, 세상 구경도 해 보자!'
>
> 신드바드는 가진 돈으로 **바그다드**에서 아름답기로 유명한 **옷감**을 산 후, 먼 나라로 떠났어요.
>
> 신드바드가 도착한 섬의 항구에는 큰 시장이 열리고 있었고, 시장에는 여러 나라 사람으로 와글와글 **북적였어요.**
>
> 그리고 각 나라에서 온 온갖 신기한 물건들로 가득했지요.
>
> 신드바드가 가져온 옷감들은 이곳에서 비싼 값에 팔렸어요.
>
> 이 섬은 옷감이 매우 귀한 곳이었거든요.
>
>

바그다드 : 이라크의 도시예요.

옷감 : 옷을 만드는 데 쓰는 천을 말해요.

북적이다. : 많은 사람이 한곳에 모여 매우 복잡하고 시끄러운 걸 뜻해요.

1 신드바드는 도착한 섬에서 무엇을 했나요?

① 관광   ② 봉사

③ 농사   ④ 장사

2 신드바드가 가져온 옷감이 비싼 값에 팔린 이유는 무엇인가요?

① 도착한 섬은 옷감이 너무 흔해서

② 신드바드가 가져온 옷감이 비싼 옷감이라서

③ 도착한 섬은 옷감이 매우 귀한 곳이라서

④ 신드바드가 손님들을 속여서

3 '사람이 한곳에 많이 모여 잇따라 떠들거나 움직이는 소리'란 뜻으로 시장에서 나는 소리를 어떻게 나타냈나요?

신드바드가 도착한 섬의 항구에는 큰 시장이 열리고 있었고,
시장에는 여러 나라 사람으로 ●●●● 북적였어요.

다음 글을 읽고, 물음에 답하세요.

♣ 어린이 경제 나라! 우리는 어린이 CEO! ♣

– 참가 어린이 모집 –

어린이가 직접 CEO가 되어 경제를 쉽게 이해하는 경제 체험 행사입니다.

판매 놀이를 통해 경제 교육은 물론 재활용의 필요성을 배우고 다양한 체험 활동으로 소중한 추억도 만들어 보세요.

판매는 어린이들만 가능합니다.

- **모집 대상** : 7세~13세
- **준비물** : 판매할 물건 (사용하지 않는 장난감, 책, 옷 등 재활용할 수 있는 물건)
- **신청 기간** : 9월 1일 ~ 9월 7일
- **참가 안내** : 9월 10일 오전 11시까지 리리 어린이 박물관 1층으로
  모여 주세요.

CEO : 회사를 운영하며, 가장 높은 자리에 있는 사람을 말해요.

1 체험 행사의 목적이 <u>아닌</u> 것은 무엇인가요?

① 경제 교육   ② 재활용의 필요성 배우기

③ 소중한 추억 만들기   ④ 건강한 몸만들기

2 판매 놀이에서 팔 수 <u>없는</u> 물건은 무엇인가요?

① 장난감   ② 책

③ 강아지   ④ 옷

3 체험 행사를 위해 리리 어린이 박물관에 가야 하는 날짜와 시간을 적고, 시곗바늘을 그려 넣어 보세요.

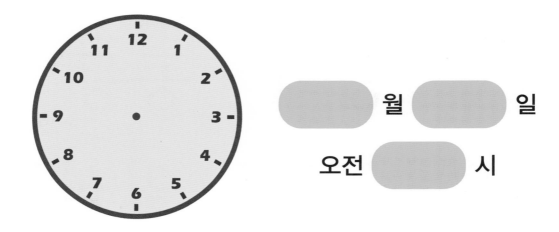

同

동(同) 한가지, 같은을 뜻하고
동이라고 읽어요.

 다음 낱말을 큰 소리로 읽어 보세요.

동의 공동

협동 동시 일심동체

28

이 글자는 모두 함께 말하는 모양이에요.

모양	뜻	소리
同	한가지, 같은	동

쓰는 순서와 쓰기

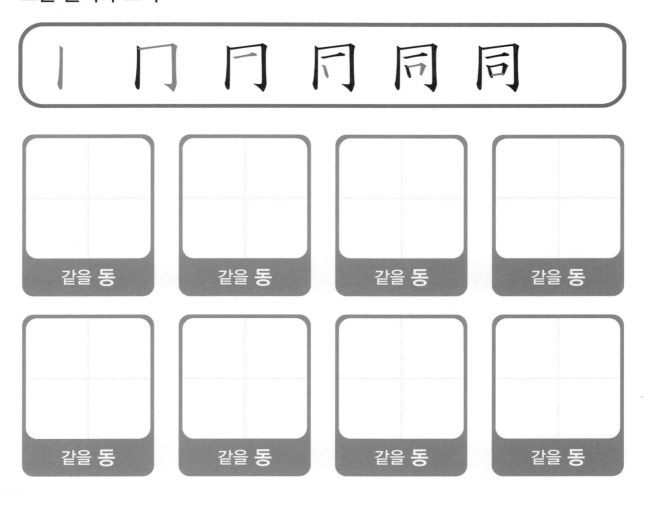

같을 동	같을 동	같을 동	같을 동
같을 동	같을 동	같을 동	같을 동

낱말에 동(同)이 숨어 있으면, 그 낱말에는 '한가지, 같은'의 뜻이 들어 있어요.

낱말에 똑같이 들어 있는 글자에 동그라미 하세요.	낱말에 숨어 있는 같은 한자에 동그라미 하세요.
동의	同의 같은 뜻, 뜻이 같음
공동	공同 둘 이상의 사람이나 단체가 함께 일을 하는 것
협동	협同 서로 마음과 힘을 하나로 합함
동시	同시 같은 때나 시기
일심동체	일심同체 '한마음 한 몸'이라는 뜻으로, 서로 굳게 하나가 되는 것을 말함
공통 글자는 무엇인지 써 보세요.	공통 한자는 무엇인지 써 보세요.

같을 동(同)이 숨어 있는 낱말에 동그라미 하고 써 보세요. (5개)

오빠의 동의로 우리는 공동의 통장에 협동하여 용돈을 모으고 있다. 어버이날에 근사한 선물을 사기 위해서이다. 돈을 모으는 동시에 함께 어떤 일을 하는 것이 보람차다! 가끔 싸우기도 하지만 이럴 때 우리는 일심동체가 된다.

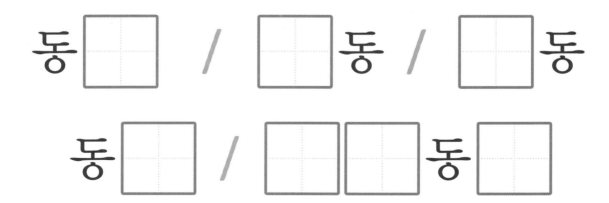

기본 낱말 다시 배우기 (명사)

은 ◯ 돈을 맡아 관리하거나 돈을 빌려주고 이자를 받는 일을 하는 기관

움직임을 나타내는 말 (동사)

아 ◯ **다** 물건, 돈, 시간을 함부로 쓰지 않다.

성질이나 상태를 꾸며 주는 말 (형용사)

언니는 ◯◯ 하게 일해서 통장에 돈을 많이 모았다.

성실하다 : 정성스럽고 참되다.

모양을 흉내 내는 말 (의태어)

나는 세뱃돈을 ◯◯◯◯ 모아서 은행에 저금했다.

차곡차곡 : 물건을 가지런히 겹쳐 쌓거나 포개는 모양

속담

티끌 모아 ➡ 작은 것도 모으면 큰 것을 이룰 수 있다는 뜻이에요.

티끌 모아 이라고, 용돈을 모아서 게임기를 샀다.

습관적으로 쓰는 말 (관용어)

 를 쓰다. ➡ 요금이나 값을 비싸게 치러서 손해를 보다.

엄마는 를 쓰지 않는 방법을 잘 알고 계신다.

여러 가지 뜻을 가진 낱말 (다의어)

지하철에서는 다리를
모으고 앉아야 해요.

- 돈이나 값비싼 물건을 써 버리지 않고 쌓아 두다.
- 하나로 합치다.
- 다른 사람의 관심이나 흥미를 끌다.

뒤죽박죽 섞여 있는 글을 바른 순서로 써 보세요. (문법-어순)

한다. / 나는 용돈을 / 받으면 / 저금부터

➡ ....

오늘 한자

동(同) : 한가지, 같은을 뜻하고
동이라고 읽어요.

2주

한눈에 보는
병원과 질병

병원 약 질병 약국 의사 간호사 약사

진찰 치료 청진기 주사 응급실 상처

수술 입원 퇴원 문병 감기 화상 두통

치통 골절 내과 외과 치과 안과

병원
필요한 도구와 시설을 갖추고 아픈 사람을 진찰하고 치료하는 곳

의사
자격을 가지고 병을 고치는 것을 직업으로 하는 사람

응급실
병원에서 급한 환자를 먼저 진찰하는 곳

감기
바이러스 때문에 코가 막히거나 열이 나고 머리가 아픈 병

병원과 질병을 나타내는 말을 알아봅시다. (동사)

낫다	보살피다	쓰러지다	삐다	놓다
병들다	살리다	고치다	참다	애쓰다

낫다 병이나 상처가 고쳐지다.

보살피다 정성을 기울여 보호하며 돕다.

쓰러지다 힘이 빠져 서 있다가 바닥에 눕는 상태가 되다.

삐다 심하게 접히거나 비틀려서 뼈마디가 어긋나다.

놓다 치료를 하려고 주사나 침을 찌르다.

참다 웃음, 울음, 아픔을 견디다.

 의사와 질병은 각각 어떤 일을 하는지 따라 써 보세요.

고치다

낫다

살리다

쓰러지다

삐다

병들다

병원과 질병의 성질이나 상태를 꾸며 주는 말을 알아봅시다. (형용사)

건강하다	몸과 마음이 아무 탈이 없고 튼튼하다.
아프다	다치거나 맞거나 병이 나서 괴로움을 느끼다.
안타깝다	원하는 대로 안 되거나 보기에 딱해서 가슴 아프고 답답하다.
속상하다	화가 나고 걱정되면서 마음이 불편하고 답답하다.
무섭다	나쁜 일이 생길까 봐 피하고 싶고 겁나다.
겁나다	무섭거나 불안하다.

 어떤 말이 들어가야 할까요?

안타까   무서   속상   건강

• 나는 동생이 많이 아파하는 것이 [   ] 워서 눈물이 났다.

• 내가 독감에 걸렸을 때 엄마께서 많이 [   ] 해 하셨다.

• "어제 동물 병원에서 태어난 강아지들이 모두 [   ] 하구나!"

• 나는 결과를 기다리면서 큰 병일까 봐 [   ] 웠다.

한 문장 독해 _ 한 문장으로 된 글을 읽고, 물음에 답하세요.

> 언니가 기침이 나고 목이 아프다고 해서 병원에 갔어요.

1. 언니는 어디에 갔는지 쓰세요.

....

> 매년 독감 예방 주사를 맞지만, 병원에 갈 때마다 겁난다.

2. 독감 예방 주사는 언제 맞나요?

올해 / 내년 / 매년

> 동생이 배탈이 나서 내가 약도 챙겨 주면서 보살펴 주었다.

3. 나는 동생을 위해 무엇을 했나요?

놔두었다. / 보살펴 주었다. / 병원에 데려갔다.

두 문장 독해 _ 두 문장으로 된 글을 읽고, 물음에 답하세요.

> 교통사고 환자가 응급실로 들어왔다.
> 응급실의 의사와 간호사는 즉시 치료를 시작했다.

1. 교통사고 환자가 온 곳은 어디인지 쓰세요.

....

> "누나, 할머니는 아직 병원에 입원하고 계시는 거야?"
> "응. 이제 거의 다 나으셔서 곧 퇴원하신대."

2. 할머니는 곧 무엇을 하실 건가요?

> 입원 / 병문안 / 퇴원 / 진찰

> 발목을 삐어서 아빠와 정형외과에 갔다.
> 병원에 가는 동안 아픈 것을 참느라 눈물이 찔끔 났다.

3. 나는 병원에 가는 동안 어떻게 했나요?

> 아프다고 투덜거렸어요.
> 아픈 것을 참았어요.
> 쿨쿨 잤어요.

세 문장 독해 _ 세 문장으로 된 글을 읽고, 물음에 답하세요.

간호사 선생님께서는 주사를 놓기 전 주사기를 톡톡 칩니다.
이것은 주사기 안의 공기를 빼기 위해서입니다.
주사기의 공기가 몸에 들어가면 혈관을 막아서 매우 위험하므로 필요한 행동입니다.

혈관 : 피가 흐르는 길

1. 주사를 놓는 사람은 누구인가요?

．．．

2. 주사기를 톡톡 치는 것은 무엇을 빼기 위해서인가요?

．．．

3. 주사기 안의 공기가 몸에 들어가면 무엇을 막나요?

．．．

소리를 흉내 내는 말 (의성어)

- 나는 쓴 약을 한꺼번에 삼켰다.

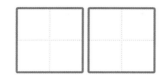

꼴깍 : 적은 양의 액체나 음식물이 목구멍으로 한꺼번에 넘어가는 소리

2주

2일

- 큰 병일까 걱정이 되어 가슴이 뛰었다.

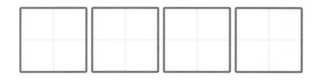

콩닥콩닥 : 마음에 충격을 받아 가슴이 자꾸 세차게 뛰는 소리

- 의사 선생님이 주사를 놓기 전에 팔을 때렸다.

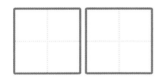

찰싹 : 매우 끈기 있게 부딪치거나 달라붙는 소리

- 감기에 걸린 동생이 울었어요.

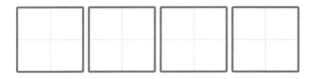

칭얼칭얼 : 몸이 불편하거나 마음이 못마땅하여 자꾸 짜증을 내며 중얼거리는 소리

병원과 질병 _ 관계있는 속담

약에 쓰려도 없다.

조금도 없다는 말이에요.

뻔뻔한 동생의 얼굴에
미안함은
약에 쓰려도 없었다.

동네 의원 용한 줄 모른다.

가까이 살고 잘 알아서 훌륭하다고 생각하지 않는 것을 말해요.

의원 : 의사
용하다. : 뛰어나다.

동네 의원 용한 줄
모른다더니, 이모가
유명한 작가인지 몰랐어.

병원과 질병 _ 관계있는 습관적으로 쓰는 말 (관용어)

늘어지게 자다.

피로가 풀리도록 실컷 자다.

오후 내내 늘어지게
자고 일어났더니
개운해!

귀가 아프다.

여러 번 들어서 듣기가 싫다.

아침마다
창밖의 참새 소리에
귀가 아프다.

헷갈리기 쉬운 낱말 (맞춤법)

 부딪치거나 맞아서 몸에 상처가 생기다.

 열린 문, 뚜껑, 서랍이 도로 제자리로 가서 막히다.

잘못 쓰기 쉬운 낱말 (맞춤법)

개구쟁이　철없이 짓궂은 장난을 즐기는 아이

개구쟁이 ○　　개구장이 ✕

- '다치다'와 '닫히다'를 구분해 알맞은 말에 동그라미 해 보세요.

"넘어져서 무릎을 　다쳤어　　닫혔어　."

오빠가 꽉 　다친　　닫힌　 딸기잼 뚜껑을 열어 주었다.

- 바르게 쓴 말에 동그라미 하세요.

나는 어릴 때 동네에서 제일 　개구쟁이　　개구장이　였다.

46

밑줄 친 예사말을 높임말로 고쳐 써 보세요. (문법-높임말과 예사말)

> **높임말**은 사람이나 사물을 높여서 이르는 말로 주로 웃어른께 공경하는 마음을 담아 하는 말이에요.
>
> **예사말**은 높이거나 낮추는 말이 아닌 보통 말로 주로 친구나 나이가 어린 사람에게 하는 말이에요.

> 연세가   편찮으셔서   주무시고 계신다   주셨어요

> 감기약을 드신 엄마가 <u>자고 있다.</u>

➔
....

> 약사 선생님께서 약을 <u>줬어요.</u>

➔
....

> 우리 할아버지는 <u>나이가</u> 많으시지만 누구보다 건강하시다.

➔
....

> 외할머니께서 <u>아파서</u> 병문안을 갔어요.

➔
....

다음 글을 읽고, 물음에 답하세요.

> 허준은 밤낮을 가리지 않고 열심히 공부했어요.
>
> "나라에서 치르는 **의과**를 준비해 보는 게 어떻겠느냐?"
>
> **스승** 유의태의 말에 허준은 고개를 저었어요.
>
> "저는 스승님처럼 사람들 가까이에서 아픈 환자들을 돌보고, 병을 낫게 해 주고 싶습니다."
>
> "준아, **궁중**에는 온갖 귀한 **의서**가 있단다. 그것을 제대로 공부한다면 지금보다 훨씬 더 많은 사람을 도울 수 있을 것이다."
>
> 허준은 스승님의 말에 마음을 바꿨어요.

의과 : 조선 시대에, 의술에 정통한 사람을 뽑는 시험을 말해요.

스승 : 선생님을 뜻해요.

궁중 : 임금님이 사시는 대궐 안이에요.

의서 : 의학에 관련된 책을 말해요.

허준이 현재 살고 있다면, 어떤 직업이었을까요?

① 판사   ② 경찰

③ 선생님   ④ 의사

 스승 유의태가 허준에게 의과를 준비하라고 한 이유는 무엇인가요?

① 돈을 많이 벌게 하려고

② 더 많은 사람을 도울 수 있으므로

③ 유명해지려고

④ 큰 의원을 세우려고

 '어떤 일을 시간에 매이지 않고 계속하다.'라는 뜻으로 허준이 공부하는 것을 어떻게 나타냈나요?

허준은 ●● 을 ●●● 않고 열심히 공부했어요.

		을				않다.

다음 글을 읽고, 물음에 답하세요.

> 안녕? 친구들. 나는 바이러스 박사, 요정 바바야.
>
> 오늘은 너희들에게 감기 바이러스를 알려 주기 위해 찾아왔어.
>
> 우리를 아프게 하는 감기는 한 가지가 아닌 200여 가지의 서로 다른 바이러스가 힘을 합쳐 건강한 **세포**를 파괴하면서 일으켜.
>
> 특히 감기의 원인 바이러스 중 30**퍼센트** 이상을 차지하는 지독한 녀석의 이름은 리노바이러스야.
>
> 콧물감기의 **주범**이지.
>
> 이때 우리 몸은 나쁜 바이러스를 씻어 버리기 위해 콧물과 가래를 만들어.
>
> 좀 지저분하고 귀찮긴 해도 우리 몸을 보호하는 고마운 현상이란다.
>
>

세포 : 생물체를 이루는 기본 단위를 말해요.

퍼센트 : 전체 수량을 100으로 하여 그것에 대해 가지는 수량의 단위를 말해요.

주범 : 죄를 실제로 저지른 사람을 말해요.

1 감기를 일으키는 것은 무엇인가요?

① 세균   ② 추위

③ 바이러스   ④ 더러움

2 콧물과 가래가 하는 역할은 무엇인가요?

① 바이러스를 씻어 버려요.

② 감기를 더 심하게 해요.

③ 지저분해 보이게 해요.

④ 귀찮게 해요.

3 감기의 원인 바이러스 중 리노바이러스가 아닌 다른 바이러스는 모두 몇 퍼센트일까요?

특히 감기의 원인 바이러스 중 30퍼센트 이상을 차지하는 지독한 녀석의 이름은 리노바이러스야.

100퍼센트 - 30퍼센트

100 - 30 = ⬜ 퍼센트

休

| 휴(休) | 쉬다를 뜻하고
휴라고 읽어요. |

 다음 낱말을 큰 소리로 읽어 보세요.

휴식   휴가   연휴

휴게소   휴지

이 글자는 사람이 나무에 기대고 있는 모양이에요.

모양	뜻	소리
休	쉬다.	휴

쓰는 순서와 쓰기

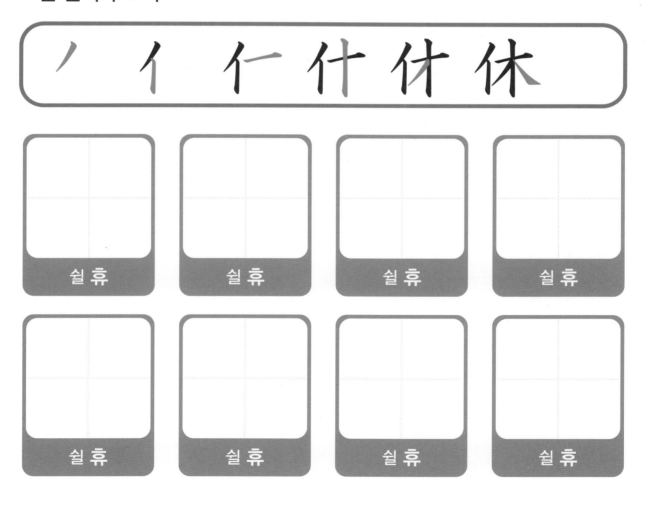

낱말에 휴(休)가 숨어 있으면, 그 낱말에는 '쉬다.'의 뜻이 들어 있어요.

낱말에 똑같이 들어 있는 글자에 동그라미 하세요.	낱말에 숨어 있는 같은 한자에 동그라미 하세요.
휴식	休식 하던 일을 멈추고 잠깐 쉼
휴가	休가 학교나 직장에서 단체에서 일정한 기간에 쉬는 일
연휴	연休 휴일이 이틀 이상 계속되는 일
휴게소	休게소 사람들이 머물러 쉴 수 있도록 마련해 놓은 장소
휴지	休지 무엇을 닦거나 코를 푸는 데 쓰는 얇은 종이

공통 글자는 무엇인지 써 보세요.	공통 한자는 무엇인지 써 보세요.

쉴 휴(休)가 숨어 있는 낱말에 동그라미 하고 써 보세요. (5개)

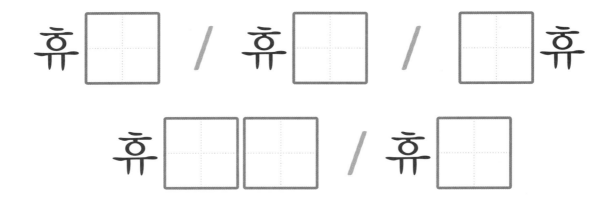

열심히 일하신 아빠는 휴식이 필요하다고 느끼셨다. 마침 회사의 휴가와 명절 연휴를 더해서 가족 여행을 길게 갈 수 있었다. 우리는 고속 도로 중간의 휴게소에 들러 맛있는 것도 먹고, 여행 중 필요한 음료수와 휴지도 샀다.

휴 [ ] / 휴 [ ] / [ ] 휴

휴 [ ] [ ] / 휴 [ ]

기본 낱말 다시 배우기 (명사)

 **사**   자격을 가지고 병을 고치는 것을 직업으로 하는 사람

움직임을 나타내는 말 (동사)

 **다**   병이나 상처가 고쳐지다.

성질이나 상태를 꾸며 주는 말 (형용사)

"어제 동물 병원에서 태어난 강아지들이 모두 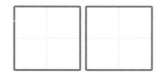하구나!"

건강하다 : 몸과 마음이 아무 탈이 없고 튼튼하다.

소리를 흉내 내는 말 (의성어)

나는 쓴 약을 한꺼번에  삼켰다.

꿀꺽 : 적은 양의 액체나 음식물이 목구멍으로 한꺼번에 넘어가는 소리

속담

에 쓰려도 없다. ➔ 조금도 없다는 말이에요.

뻔뻔한 동생의 얼굴에 미안함은 ⬤ 에 쓰려도 없었다.

습관적으로 쓰는 말 (관용어)

⬤⬤⬤⬤ 자다. ➔ 피로가 풀리도록 실컷 자다.

오후 내내 ⬤⬤⬤ 자고 일어났더니 개운해!

헷갈리기 쉬운 낱말과 잘못 쓰기 쉬운 낱말 (맞춤법)

"넘어져서 무릎을 [다쳤어] [닫혔어]."

나는 어릴 때 동네에서 제일 [개구쟁이] [개구장이] 였다.

밑줄 친 예사말을 높임말로 고쳐 써 보세요. (문법-높임말과 예사말)

외할머니께서 <u>아파서</u> 병문안을 갔어요.

➔

오늘 한자

휴(休) : **쉬다**를 뜻하고 **휴**라고 읽어요.

3주

한눈에 보는
도구와
생활 가전제품

가전제품 냉장고 텔레비전 리모컨 전자레인지 기능

드라이기 가습기 공기 청정기 손전등 건전지 수리

가전제품 집에서 사용하는 세탁기, 냉장고, 텔레비전처럼 전기를
사용하는 기구

기능 기계나 물건이 어떤 일을 해내는 능력

드라이기 젖은 머리를 말리거나 머리 모양을 내는 기구

손전등 손에 가지고 다닐 수 있도록 만든 간편한 전등

건전지 전기를 사용하기 편리하도록 작은 틀에 담아 만든 것

수리 고장 나거나 허름한 곳을 손봐서 고침

도구와 생활 가전제품을 나타내는 말을 알아봅시다. (동사)

갖추다	작동하다	갈다	두다	끌다
고치다	망가지다	부서지다	당기다	쥐다

작동하다   기계가 움직이다.

갈다   이미 있는 것을 다른 것으로 바꾸다.

고치다   고장 나거나 못 쓰게 된 물건을 제대로 되게 하다.

망가지다   부서지거나 찌그러져 못 쓰게 되다.

부서지다   단단한 물체가 깨어져 여러 조각이 나다.

당기다   힘을 주어 자기 쪽이나 어느 방향으로 가까이 오게 하다.

 수리와 가전제품은 각각 어떤 일을 하는지 따라 써 보세요.

고치다   **망가지다**   **부서지다**

작동하다   **갖추다**   **갈다**

도구와 생활 가전제품의 성질이나 상태를 꾸며 주는 말을 알아봅시다. (형용사)

흥미롭다	즐거움을 느낄 만한 재미가 있다.
쓸데없다	이용할 만한 가치가 없다.
소용없다	도움 될 것이 없다.
단순하다	복잡하지 않고 간단하다.
비슷하다	똑같지는 않지만 같은 점이 많다.
신기하다	믿을 수 없을 정도로 특이하고 놀랍다.

3주
1일

어떤 말이 들어가야 할까요?

비슷   쓸데없   흥미로   신기

• 새로 산 로봇 청소기가   워서 눈을 뗄 수가 없다.

• 손잡이를 돌려야 불이 켜지는   한 손전등을 샀다.

• 내 가방과 친구 가방은   하게 생겼다.

• 청소하면서   는 물건은 좀 버려야겠다.

한 문장 독해 _ 한 문장으로 된 글을 읽고, 물음에 답하세요.

> 나는 새로운 가전제품을 사면 사용 설명서부터 읽어 본다.

1. 새로운 가전제품을 사면 무엇부터 읽어 보는지 쓰세요.

....

> 요즘 TV는 화면도 아주 크고, 인터넷도 할 수 있다.

TV : 텔레비전

2. 요즘 TV는 무엇을 할 수 있나요?

> 인터넷 / 전화 / 심부름

> 사용하고 있지 않은 가전제품의 콘센트는 뽑아 놓는 것이 좋아요.

3. 사용하고 있지 않은 가전제품의 콘센트 어떻게 해야 하나요?

> 끼워 놓아요. / 뽑아 놓아요. / 잘라 놓아요.

두 문장 독해 _ 두 문장으로 된 글을 읽고, 물음에 답하세요.

> 동생과 장난치다가 선풍기를 밀어 쓰러뜨렸다.
> 선풍기의 날개가 부서지고 망가져 버렸다.

1. 내가 망가뜨린 것은 무엇인지 쓰세요.

....

> "아빠, 텔레비전 리모컨이 작동이 안 돼요."
> "고장 난 건 아니고 건전지만 갈아서 끼우면 된단다."

2. 리모컨에 갈아 끼워야 하는 것은 무엇인가요?

> 건전지 / 전기 / 에너지 / 연료

> 우리 집은 가전제품이 고장 나면 형을 찾는다.
> 형이 여러 가지 공구를 이용해 잘 고치기 때문이다.

3. 형은 고장 난 가전제품을 어떻게 하나요?

> 분리수거한다.
> 공구를 이용해 고친다.
> 다른 사람에게 준다.

세 문장 독해 _ 세 문장으로 된 글을 읽고, 물음에 답하세요.

시각 장애인의 편의를 위한 가전제품이 많이 나오고 있다.
가장 대표적인 것이 목소리로 가전제품을 이용하는 것이다.
목소리로 원하는 가전제품의 기능을 명령하면 TV를 틀거나, 세탁기를 작동시키기도한다.

시각 장애인 : 앞을 보지 못하는 사람

1. 누구를 위한 가전제품이 많이 나오고 있나요?

....

2. 시각 장애인은 무엇으로 가전제품을 이용하나요?

....

3. 목소리로 가전제품을 어떻게 작동시키나요?

....

소리를 흉내 내는 말 (의성어)

- 거실에서 아빠가  망치질을 하고 계신다.

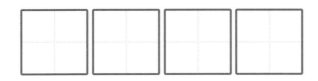

뚝딱뚝딱 : 단단한 물건을 연속으로 조금 가볍게 두드리는 소리

- 태풍 때문에 거실 창문이 깨졌어요.

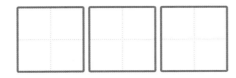

와장창 : 갑자기 한꺼번에 무너지거나 부서지는 소리

- 누나가 내 방문을 두드렸어요.

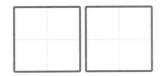

똑똑 : 단단한 물체를 가볍게 잇따라 두드리는 소리

- 세탁기가 큰 소리를 내더니 멈추었어요.

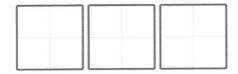

우당탕 : 무엇이 몹시 요란하게 떨어지거나 부딪칠 때 나는 소리

칼로 물 베기

다투었다가도 금방 사이가 좋아진다는 뜻이에요.

형이랑 나는
다퉈도 칼로 물 베기야.

지키는 냄비가 더디 끓는다.

결과를 초조하게 기다리고 있으면 시간이 더 걸리는 것처럼 느껴진다는 말이에요.

지키는 냄비가
더디 끓는다는 말이 있어.
차분하게 기다리자.

도구와 생활 가전제품 _ 관계있는 습관적으로 쓰는 말 (관용어)

깨어진 그릇

돌이킬 수 없는 일

아끼는 장난감 로봇이
깨어진 그릇처럼
망가졌다.

숟가락을 들다.

식사를 시작하다.

식구가 다 모였으니
이제 숟가락을 들자.

비슷한 말과 반대말 (유의어와 반의어)

비슷한 말

편하다   힘이 들거나 어렵지 않고 쉽다.

편리하다   편하고 이로우며 이용하기 쉽다.

간편하다   복잡하지 않고 편리하다.

반대말

불편하다   편하지 않고 괴롭다.

도구

• 비슷한 말과 반대말을 연결해 보세요.

이 동네는 길이 넓어서 교통이 ⬭ .　　　　　•

　　　　　　　　　　　　　　　　　　　　　　　편하다

발을 다쳐서 걷기가 ⬭ .　　　　　•　•　편리하다

　　　　　　　　　　　　　　　　　　　　　　　간편하다

글씨가 커서 할머니께서 읽기 ⬭ .　　　　　•

　　　　　　　　　　　　　　　　　•　불편하다

이 우산은 가벼워서 들고 다니기에 ⬭ .　　　　　•

'이어 주는 말'을 사용하여 문장을 만들어 보세요. (문법-접속 부사)

| 그래서 | 그러면 | 그리고 | 그렇지만 |

우리 집에는 전자 제품이 많다. (　　) 전기 요금이 많이 나온다.

➜
⋯⋯⋯⋯⋯⋯⋯⋯⋯⋯⋯⋯⋯⋯⋯⋯⋯⋯⋯⋯⋯⋯⋯⋯⋯⋯⋯

여름 가전제품은 선풍기, 손 선풍기, (　　) 에어컨이 있다.

➜
⋯⋯⋯⋯⋯⋯⋯⋯⋯⋯⋯⋯⋯⋯⋯⋯⋯⋯⋯⋯⋯⋯⋯⋯⋯⋯⋯

신기하고 편리한 가전제품이 참 많다. (　　) 어떤 제품들이 있을까?

➜
⋯⋯⋯⋯⋯⋯⋯⋯⋯⋯⋯⋯⋯⋯⋯⋯⋯⋯⋯⋯⋯⋯⋯⋯⋯⋯⋯

우리 집에는 물걸레 청소기가 있다. (　　) 늘 손걸레질을 한다.

➜
⋯⋯⋯⋯⋯⋯⋯⋯⋯⋯⋯⋯⋯⋯⋯⋯⋯⋯⋯⋯⋯⋯⋯⋯⋯⋯⋯

다음 글을 읽고, 물음에 답하세요.

> 엄지만큼 작지만 지혜롭고 용감한 엄지동이는 큰 도시로 가서 훌륭한 사람이 되기로 결심했어요.
>
> 부모님은 **지푸라기**로 만든 칼집에 바늘을 꽂아서 칼을 만든 후 엄지동이의 허리에 묶어 주었어요.
>
> 그리고 작은 밥그릇 배에 태우고, 숟가락 하나로 노를 만들어서 물길을 따라 엄지동이를 떠나보냈어요.
>
> 겨우 도시에 도착한 엄지동이는 가장 으리으리한 집을 찾아갔어요.
>
> "누구 없나요? 저 좀 보세요! 여기예요!"
>
> 엄지동이는 커다란 목소리로 외쳤어요.
>
>

지푸라기 : 벼, 보리, 밀, 조 같은 곡식을 떨어낸 줄기와 잎의 부스러기를 말해요.

1 엄지동이의 이름은 어떤 이유로 지어졌을까요?

① 엄지처럼 생겨서　　　　② 엄지만큼 작아서

③ 훌륭하게 크라고　　　　④ 지혜롭고 용기 있어서

2 집안에서 사용하는 도구 중, 글에 나오지 <u>않은</u> 것은 무엇인가요?

① 밥그릇　　　　　② 바늘

③ 숟가락　　　　　④ 국자

3 '모양이나 규모가 굉장하다.'라는 뜻으로 엄지동이가 찾아간 큰 집을 어떻게 나타냈나요?

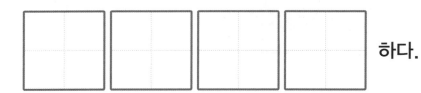

겨우 도시에 도착한 엄지동이는 가장 ●●●● 한 집을 찾아갔어요.

				하다.

한 문단 독해 2 (지식글)

다음 글을 읽고, 물음에 답하세요.

♣ **메모** ♣

민수야, 엄마 감기 걸리신 거 알지?

누나 학원 가니까 네가 빨래를 좀 해 주면 좋겠어.

세탁기 사용법은 적어 놓을게. 순서대로 잘 따라 해.

1. 세탁기 안에 빨래 넣고 문 닫기.

2. '**전원**' 버튼 누르기.

3. 세제 통을 열고, 맨 왼쪽 칸에 세탁 세제 넣기. 세제량은 세제 통의 뚜껑으로 한 번만 넣으면 돼.

4. '동작' 버튼 누르기. 세탁 끝날 때까지 1시간 10분쯤 걸리니까 기다리면 돼.

5. 빨래 꺼내기.

전원 : 기계에 전기가 들어오는 것을 말해요.

1 세탁기를 이용해 빨래할 때 가장 먼저 하는 일은 무엇인가요?

① 세탁 세제 넣기　　　　② 세탁기 안에 빨래 넣기

③ 동작 버튼 누르기　　　　④ 빨래 꺼내기

2 세탁기 사용법으로 바르지 <u>않은</u> 것은 무엇인가요?

① 빨래를 넣으면 세탁기 문을 닫아요.

② 가장 마지막에 빨래를 꺼내요.

③ 세제는 오른쪽 칸에 넘칠 만큼 가득 넣어요.

④ 세탁은 1시간 10분쯤 걸려요.

3 민수가 오후 3시에 세탁기의 동작 버튼을 눌렀다면, 세탁이 끝나는 시간은 몇 시인가요?

> 세탁 끝날 때까지 1시간 10분쯤 걸리니까 기다리면 돼.

오후 3시 + 1시간 10분 = 　　　　 시 　　　　 분

工

공(工)   장인을 뜻하고
공이라고 읽어요.

장인 : 물건 만드는 일을 직업으로 하는 사람

 다음 낱말을 큰 소리로 읽어 보세요.

가공 공장 공사

공부 공작

이 글자는 땅을 다질 때 사용하던 도구 모양이에요.

모양	뜻	소리
工	장인	공

쓰는 순서와 쓰기

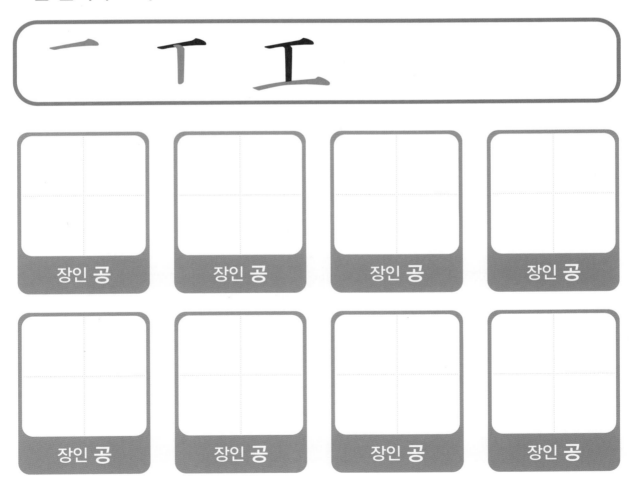

낱말에 공(工)이 숨어 있으면 그 낱말에는 '장인'의 뜻이 들어 있어요.

낱말에 똑같이 들어 있는 글자에 동그라미 하세요.	낱말에 숨어 있는 같은 한자에 동그라미 하세요.
	가工
가공	원래의 재료에 기술을 사용해 새로운 제품을 만드는 것
	工장
공장	물건을 만들어 내는 시설을 갖춘 곳
	工사
공사	흙이나 나무, 돌, 벽돌, 쇠를 써서 세우거나 쌓아 만들거나 고치는 일
	工부
공부	학문이나 기술을 배우고 익히는 것
	工작
공작	물건을 만듦

공통 글자는 무엇인지 써 보세요.	공통 한자는 무엇인지 써 보세요.

장인 공(工)이 숨어 있는 낱말에 동그라미 하고 써 보세요. (5개)

근처에 여러 가지 가공식품을 만드는 공장이 있는데 그곳에서 공사를 하나 보다. 내 방까지 시끄러운 소리가 들리니 방해가 되어서 공부를 멈추고 배 만들기 공작 숙제를 했다. 공부가 좀 지루했는데 잘됐다 싶었다.

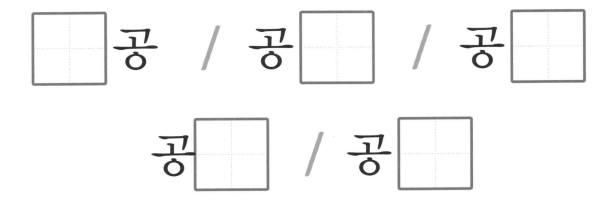

☐공 / 공☐ / 공☐

공☐ / 공☐

기본 낱말 다시 배우기 (명사)

가 ◯ **제** **품**   집에서 사용하는 세탁기, 냉장고, 텔레비전처럼
전기를 사용하는 기구

움직임을 나타내는 말 (동사)

작 ◯ **하** **다**   기계가 움직이다.

성질이나 상태를 꾸며 주는 말 (형용사)

손잡이를 돌려야 불이 켜지는 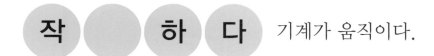 한 손전등을 샀다.

신기하다 : 믿을 수 없을 정도로 특이하고 놀랍다.

소리를 흉내 내는 말 (의성어)

누나가 내 방문을 ◯◯ 두드렸어요.

똑똑 : 단단한 물체를 가볍게 잇따라 두드리는 소리

속담

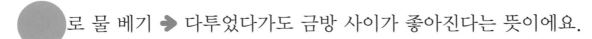로 물 베기 ➡ 다투었다가도 금방 사이가 좋아진다는 뜻이에요.

형이랑 나는 다퉈도 ⬤로 물 베기야.

습관적으로 쓰는 말 (관용어)

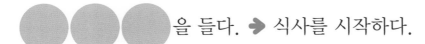을 들다. ➡ 식사를 시작하다.

식구가 다 모였으니 이제 ⬤⬤⬤을 들자.

비슷한 말과 반대말 (유의어와 반의어)

이 동네는 길이 넓어서 교통이 　편하다　　불편하다　.

발을 다쳐서 걷기가　간편하다　　불편하다　.

'이어 주는 말'을 사용하여 문장을 만들어 보세요. (문법-접속 부사)

> 우리 집에는 전자 제품이 많다. (　　　) 전기 요금이 많이 나온다.

➡ . . . .

오늘 한자

공(工) : 장인을 뜻하고 **공**이라고 읽어요.

한눈에 보는

물건 사기와 비교하기

가게　　상점　　상품　　상인　　판매　　구매

고객　　손님　　계산　　가격　　에누리

할인　　거스름돈　　계산대　　영수증　　단골

흥정　　상품권　　구입　　반품　　품질

상품　　사고파는 물건

판매　　상품을 파는 것

계산　　사고파는 물건에 매겨진 돈을 주는 것

가격　　물건이 지니고 있는 가치를 돈으로 나타낸 것

물건 사기와 비교하기를 나타내는 말을 알아봅시다. (동사)

더하다   빼다   사다   팔다   깎다

주다   받다   비교하다   가지다   쓰다

사다	값을 치르고 자기 것으로 만들다.
팔다	값을 받고 남에게 넘기다.
깎다	값을 낮추어서 줄이다.
주다	남에게 건네어 가지게 하다.
받다	다른 사람이 주거나 보내오는 것을 가지다.
쓰다	어떤 일을 하는 데 시간이나 돈을 들이다.

 계산과 손님은 각각 어떤 일을 하는지 따라 써 보세요.

더하다

빼다

깎다

사다

쓰다

비교하다

86

물건 사기와 비교하기의 성질이나 상태를 꾸며 주는 말을 알아봅시다. (형용사)

비싸다	어떤 일을 하는 데 드는 돈이 보통보다 높다.
싸다	어떤 일을 하는 데 드는 돈이 보통보다 낮다.
꼼꼼하다	빈틈이 없이 차분하고 조심스럽다.
아깝다	버리거나 내놓기가 싫다.
초조하다	마음이 조마조마하다.
느긋하다	마음에 여유가 있고 넉넉하다.

 어떤 말이 들어가야 할까요?

(꼼꼼)   (비싸)   (초조)   (싸)

• "그 메모지는 그렇게 작은데 정말   구나!"

• 나는 사려는 물건이 불량인지   하게 살펴봤다.

• 우리 가족이 좋아하는 아이스크림이   서 많이 사 왔다.

• 마트 할인 시간에 늦을까 봐   한 마음이 들었다.

한 문장 독해 _ 한 문장으로 된 글을 읽고, 물음에 답하세요.

동생과 문방구에 가서 공책과 연필을 샀어요.

1. 문방구에서 무엇을 샀는지 쓰세요.

· ·

나는 가게 아저씨께 거스름돈 200원을 받았어요.

2. 거스름돈은 얼마를 받았나요?

100원 / 200원 / 300원

요즘에는 과자에 장난감을 같이 끼워 팔기도 한다.

3. 요즘에는 과자에 장난감을 같이 어떻게 파나요?

끼워 판다. / 각각 판다. / 비싸게 판다.

두 문장 독해 _ 두 문장으로 된 글을 읽고, 물음에 답하세요.

> 엄마는 마트에서 계산하신 후 영수증을 받았다.
> 산 물건과 영수증을 비교하며 꼼꼼하게 확인하셨다.

1. 엄마가 계산 후 받은 것을 쓰세요.

> "아빠, 신발을 원래 가격보다 더 싸게 사셨네요?"
> "응. 가게 아저씨께서 값을 깎아 주셨어."

2. 아빠는 신발을 어떤 가격에 사셨나요?

> 더 비싸게 / 원래 가격 / 더 싸게 / 돈을 주지 않았다.

> 형의 생일 선물로 티셔츠를 샀다.
> 양말도 함께 사고 싶었지만, 돈이 모자라서 양말은 뺐다.

3. 형의 생일 선물로 무엇을 샀나요?

> 티셔츠와 양말을 샀다.
> 티셔츠를 샀다.
> 양말을 샀다.

> 우리 가족은 동네의 한 음식점의 단골이다.
> 늘 미소 짓고 계시는 할머니가 사장님이신데 모든 음식이 맛있다.
> 아빠는 돌아가신 할머니가 생각나는 곳이라고 말씀하셨다.

단골 : 가게에 자주 가는 손님

1. 우리 가족은 음식점의 무엇인가요?

....

2. 음식점 사장님은 누구인가요?

....

3. 아빠는 누가 생각난다고 하셨나요?

....

모양을 흉내 내는 말 (의태어)

• 어떤 것을 골라야 할지 마음이  했어요.

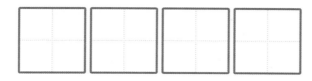

갈팡질팡 : 정하지 못하고 이리저리 헤매는 모양

• 유명한 가게라 손님이  해요.

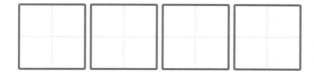

바글바글 : 사람이 한곳에 많이 모여 자꾸 움직이는 모양

• 며칠 전에 산 양말이 얼마였는지 기억이  하다.

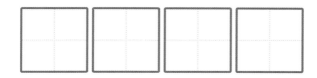

가물가물 : 기억이 조금 희미해지는 모양

• 가게 종업원은 손님을 보자 고개를  숙여 인사했다.

꾸벅 : 머리나 몸을 앞으로 많이 숙였다가 드는 모양

물건 사기와 비교하기 _ 관계있는 속담

싸움은 말리고 흥정은 붙이랬다.

나쁜 일은 말리고 좋은 일은 권해야 한다는 뜻이에요.

흥정 : 물건을 사거나 팔기 위하여 품질이나 가격을 의논함

싸움은 말리고
흥정은 붙이랬다고,
지금은 둘을 좀 말려 봐!

싼 것이 비지떡

값이 싼 물건은 품질도 그만큼 나쁠 수 있다는 말이에요.

비지떡 : 두부를 만들고 난 찌꺼기로 만든 떡으로 영양가 없고 질이 나쁜 음식

편의점에서 산 우산이
벌써 찢어졌어.
싼 것이 비지떡이라더니.

물건 사기와 비교하기 _ 관계있는 습관적으로 쓰는 말 (관용어)

파리를 날리다.

손님이 없고 장사가 잘 안되다.

저 가게는
손님이 줄더니 결국
파리를 날리고 있어.

비교도 되지 않다.

아주 뛰어나서 다른 것과 비교할 필요도 없다.

아빠가 만든 음식이
비교도 되지 않을 만큼
맛있어.

글자만 같은 서로 다른 낱말 (동형어)

1 싸다

물건값이나
물건을 쓰는 데
드는 비용이 적다.

2 싸다

물건을 안에 넣고
보이지 않게
씌워 가리거나
둘러서 말다.

3 싸다

대변이나 소변을
참지 못하고 누다.

● 어떤 '싸다'인지 번호를 써 보세요.

나는 인형을 포장지에 잘 싸서 동생에게 선물로 주었다.

동생이 자다가 이불에 오줌을 쌌다.

시장에서 수박을 싸게 팔고 있다.

피동 표현과 사동 표현을 사용하여 문장을 완성해 보세요. (문법-피동과 사동)

> **피동**은 다른 사람이나 사물에 의해서 움직이는 것을 말해요.
> ➡ **복숭아가 상자에 담겼다.**
>
> **사동**은 직접 하는 것이 아니라, 다른 사람이나 사물에 어떤 동작을
> 하게 하는 것을 말해요.
> ➡ **나는 천장이 낮아 몸을 낮추었다.**

> 사용되었어요   팔렸어요   속였어요   담겼어요

4주

3일

백화점에서 선물 받은 상품권을 사용했어요.

➡ 선물 받은 상품권은 백화점에서 [   ].

나는 가게 주인에게 속았어요.

➡ 가게 주인이 나를 [   ].

엄마는 장바구니에 참외를 담았어요.

➡ 참외가 엄마의 장바구니에 [   ].

시장에서 싱싱한 과일을 싸게 팔았어요.

➡ 싱싱한 과일이 시장에서 싸게 [   ].

다음 글을 읽고, 물음에 답하세요.

농부는 가지고 온 곡식을 다 팔고 난 후 여기저기 시장 구경을 했어요.

그러다 마음에 쏙 드는 거위를 발견했지요.

'거위를 키워야 했는데 잘됐군. 곡식을 팔고 돈이 생겼으니, 한 마리 사 갈까?'

"이 거위를 보세요! 튼튼한 몸과 **윤기** 나는 깃털! 알도 정말 잘 낳는답니다!"

거위 장수는 거위를 팔기 위해 입에 침이 마르도록 자랑했어요.

"저 옆집 거위는 이 거위보다 더 큰데, 더 싸더라고요. 좀 깎아 줘요."

농부는 **흥정**을 잘해서 거위를 좋은 값에 샀답니다.

윤기 : 반질반질하고 매끄러운 느낌을 뜻해요.

흥정 : 물건을 사거나 팔기 위하여 품질이나 가격에 대해 의견을 주고받는 것이에요.

거위 장수는 거위를 팔기 위해 어떻게 했나요?

① 거위의 좋은 점을 자랑했어요.

② 농부에게 화를 냈어요.

③ 거위의 나쁜 점을 말했어요.

④ 곡식을 팔았어요.

 농부는 거위를 어떻게 좋은 값에 살 수 있었나요?

① 무조건 많은 돈을 주고   ② 옆집 거위를 사서

③ 튼튼한 거위라서   ④ 흥정을 잘해서

 '사람이나 물건에 대하여 계속 말하다.'라는 뜻으로, 거위 장수가 거위를 팔기 위해 한 행동을 어떻게 나타냈나요?

> 거위 장수는 거위를 팔기 위해 ⬤에 ⬤이 ⬤⬤도록 자랑했어요.

 에 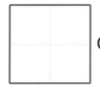 이 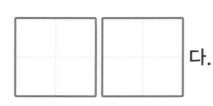 다.

한 문단 독해 2 (지식글)

다음 글을 읽고, 물음에 답하세요.

♥ 동네 소식 ♥

　우리 문해동에서는 올해도 **저렴한** 가격과 친절한 서비스로 **모범**이 되는 가게 8개를 '착한 가게'로 뽑았습니다.

　작년에 뽑혔던 8개와 새로 뽑은 8개, 총 16개의 '착한 가게'는 우리 동네 음식의 평균 가격보다 낮은 가격이지만, 맛도 좋고 친절해서 주변 가게들의 **본보기**가 될 것입니다.

　'착한 가게'에는 가게에 필요한 물품을 제공하고, 광고 홍보를 지원할 계획입니다.

　주민들의 관심과 사랑으로 더 많은 '착한 가게'를 만들었으면 좋겠습니다.

저렴하다. : 물건의 값이 싸다는 뜻이에요.
모범 : 본받아 배울 만한 것을 말해요.
본보기 : 옳거나 훌륭하여 배우고 따를 만한 것을 말해요.

1 '착한 가게'로 뽑힌 이유가 <u>아닌</u> 것은 무엇인가요?

① 음식의 맛이 좋다.　　　　② 친절하다.

③ 가격이 저렴하다.　　　　④ TV 방송에 나왔다.

4주
4일

2 '착한 가게'를 뽑는 이유는 무엇일까요?

① 주변 가게들의 본보기가 되게 하려고

② 가게들끼리 경쟁하게 하려고

③ 가게 주인에게 부탁 받아서

④ 음식 값을 더 저렴하게 하려고

3 내년에는 10곳의 '착한 가게'가 뽑힌다면, 우리 동네에는 총 몇 개의 착한 가게가 있는 걸까요?

총 16개의 '착한 가게'는 우리 동네 음식의 평균 가격보다 낮은 가격이지만, 맛도 좋고 친절해서 주변 가게들의 본보기가 될 것입니다.

총 16개의 착한 가게 + 내년 10개의 착한 가게

16 + 10 = 　　　　　개

부, 불(不)   아니다를 뜻하고
부, 불이라고 읽어요.

 다음 낱말을 큰 소리로 읽어 보세요.

부족 불가능 불평

불만 불안

이 글자는 땅속으로 뿌리를 내린 씨앗 모양이에요.

모양	뜻	소리
不	아니다.	부, 불

쓰는 순서와 쓰기

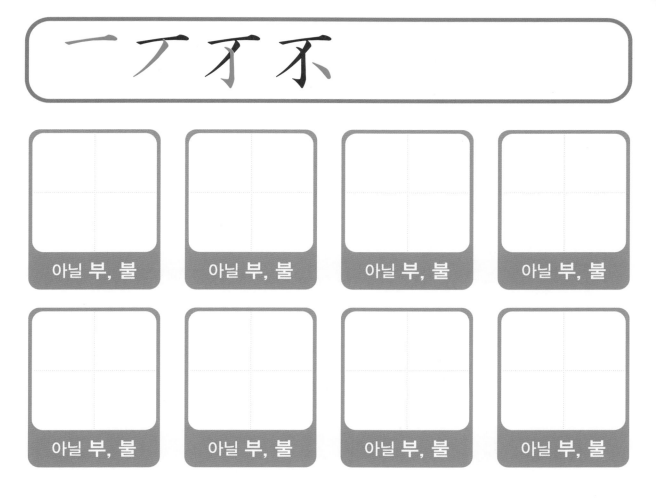

一 丁 才 不

아닐 부, 불	아닐 부, 불	아닐 부, 불	아닐 부, 불

아닐 부, 불	아닐 부, 불	아닐 부, 불	아닐 부, 불

낱말에 부, 불(不)이 숨어 있으면 그 낱말에는 '아니다.'의 뜻이 들어 있어요.

낱말에 똑같이 들어 있는 글자에 동그라미 하세요.	낱말에 숨어 있는 같은 한자에 동그라미 하세요.
부족	不족 충분하지 않음
불가능	不가능 할 수 없거나 가능하지 않음
불평	不평 마음에 들지 않아 좋지 않은 것, 그것을 말이나 행동으로 드러냄
불만	不만 만족하지 않음
불안	不안 마음이 편하지 아니하고 조마조마함

공통 글자는 무엇인지 써 보세요.	공통 한자는 무엇인지 써 보세요.
부, 불	

아닐 부, 불(不)이 숨어 있는 낱말에 동그라미 하고 써 보세요. (5개)

유명한 음식점에 일부러 찾아갔는데 재료가 부족하다고 주문이 불가능했다. 어쩔 수 없이 다른 가게로 갔다. 맛이 없으면 어쩌나 다들 불평하며, 불만이 가득한 얼굴이었다. 하지만 음식은 정말 맛있었고, 우리의 불안한 마음은 사라졌다.

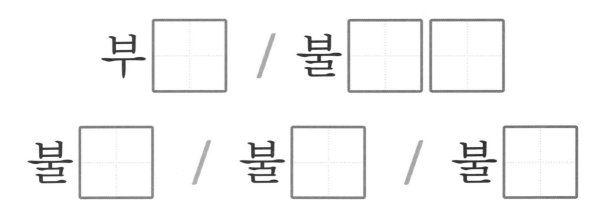

부 ☐ / 불 ☐ ☐

불 ☐ / 불 ☐ / 불 ☐

기본 낱말 다시 배우기 (명사)

 **격**   물건이 지니고 있는 가치를 돈으로 나타낸 것

움직임을 나타내는 말 (동사)

 **다**   값을 치르고 자기 것으로 만들다.

성질이나 상태를 꾸며 주는 말 (형용사)

"그 메모지는 그렇게 작은데 정말 구나!"

비싸다 : 어떤 일을 하는 데 드는 돈이 보통보다 높다.

모양을 흉내 내는 말 (의태어)

며칠 전에 산 양말이 얼마였는지 기억이 하다.

가물가물 : 기억이 조금 희미해지는 모양

속담

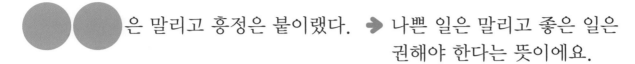

은 말리고 흥정은 붙이랬다. ➡ 나쁜 일은 말리고 좋은 일은 권해야 한다는 뜻이에요.

은 말리고 흥정은 붙이랬다고, 지금은 둘을 좀 말려 봐!

습관적으로 쓰는 말 (관용어)

도 되지 않다. ➡ 아주 뛰어나서 다른 것과 비교할 필요도 없다.

아빠가 만든 음식이 도 되지 않을 만큼 맛있어.

글자만 같은 서로 다른 낱말 (동형어)

시장에서 수박을 싸게 팔고 있다.

- 물건값이나 물건을 쓰는 데 드는 비용이 적다.
- 물건을 안에 넣고 보이지 않게 씌워 가리거나 둘러서 말다.
- 대변이나 소변을 참지 못하고 누다.

피동 표현과 사동 표현을 사용하여 문장을 완성해 보세요. (문법-피동과 사동)

엄마는 장바구니에 참외를 담았어요.

➡ 참외가 엄마의 장바구니에 ＿＿＿＿＿＿＿.

....

오늘 한자

부, 불(不) : **아니다**를 뜻하고 **부, 불**이라고 읽어요.

1주

확인 학습 56p ~ 57p

의, 낫, 건강, 꼴깍, 약, 약, 늘어지게, 늘어지게,
다쳤어, 개구쟁이
외할머니께서 편찮으셔서 병문안을 갔어요.
休, 休

3주

63p 어떤 말이 들어가야 할까요?

흥미로, 신기, 비슷, 쓸데없

64p 한 문장 독해

1. 사용 설명서   2. 인터넷
3. 뽑아 놓아요.

65p 두 문장 독해

1. 선풍기   2. 건전지
3. 공구를 이용해 고친다.

66p 세 문장 독해

1. 시각 장애인   2. 목소리
3. 원하는 가전제품의 기능을 명령한다.

70p 비슷한 말과 반대말 (유의어와 반의어)

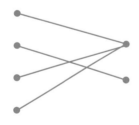

71p '이어 주는 말'을 사용하여 문장을 만들어
보세요. (문법-접속 부사)

우리 집에는 전자 제품이 많다. 그래서 전기
요금이 많이 나온다.
여름 가전제품은 선풍기, 손 선풍기, 그리고
에어컨이 있다.

신기하고 편리한 가전제품이 참 많다. 그러면 어떤
제품들이 있을까?
우리 집에는 물걸레 청소기가 있다. 그렇지만 늘
손걸레질을 한다.

73p 한 문단 독해 1 (우화, 동화)

1. ②   2. ④   3. 으리으리

75p 한 문단 독해 2 (지식글)

1. ②   2. ③   3. (4)시 (10)분

78p 낱말에 똑같이 들어 있는 글자에 동그라미 하세요.

 공

78p 낱말에 숨어 있는 같은 한자에 동그라미 하세요.

 工

79p 장인 공(工)이 숨어 있는 낱말에 동그라미 하고
써 보세요. (5개)

(가)공   공(장)   공(사)   공(부)   공(작)

확인 학습   80p ~ 81p

전, 동, 신기, 똑똑, 칼, 칼, 숟가락, 숟가락, 편하다,
불편하다
우리 집에는 전자 제품이 많다. 그래서 전기 요금이
많이 나온다.
工, 工

4주

87p **어떤 말이 들어가야 할까요?**
비싸, 꼼꼼, 싸, 초조

88p **한 문장 독해**
1. 공책과 연필   2. 200원
3. 끼워 판다.

89p **두 문장 독해**
1. 영수증   2. 더 싸게
3. 티셔츠를 샀다.

90p **세 문장 독해**
1. 단골   2. 늘 미소 짓고 계시는 할머니
3. 돌아가신 할머니

94p **글자만 같은 서로 다른 낱말 (동형어)**
2, 3, 1

95p **피동 표현과 사동 표현을 사용하여 문장을 완성해 보세요. (문법–피동과 사동)**
선물 받은 상품권은 백화점에서 사용되었어요.
가게 주인이 나를 속였어요.
참외가 엄마의 장바구니에 담겼어요.
싱싱한 과일이 시장에서 싸게 팔렸어요.

97p **한 문단 독해 1 (우화, 동화)**
1. ①   2. ④   3. (입)에 (침)이 (마르)다.

99p **한 문단 독해 2 (지식글)**
1. ④   2. ①   3. 26

102p **낱말에 똑같이 들어 있는 글자에 동그라미 하세요.**
 부   불

102p **낱말에 숨어 있는 같은 한자에 동그라미 하세요.**
 不

103p **아닐 부, 불(不)이 숨어 있는 낱말에 동그라미 하고 써 보세요. (5개)**
부(족)   불(가능)   불(평)   불(만)   불(안)

확인 학습   104p ~ 105p

가, 사, 비싸, 가물가물, 싸움, 싸움, 비교, 비교

참외가 엄마의 장바구니에 담겼어요.
不, 不